Impressum
Verlag: BABADADA GmbH, Nedderfeld 112 , 22529 Hamburg
Geschäftsführer / Verlagsleitung: Harald Hof
Druck: Books on Demand GmbH, In de Tarpen 42, 22848 Norderstedt

Imprint
Publisher: BABADADA GmbH, Nedderfeld 112 , 22529 Hamburg, Germany
Managing Director / Publishing direction: Harald Hof
Print: Books on Demand GmbH, In de Tarpen 42, 22848 Norderstedt, Germany

# школа
# sukuu

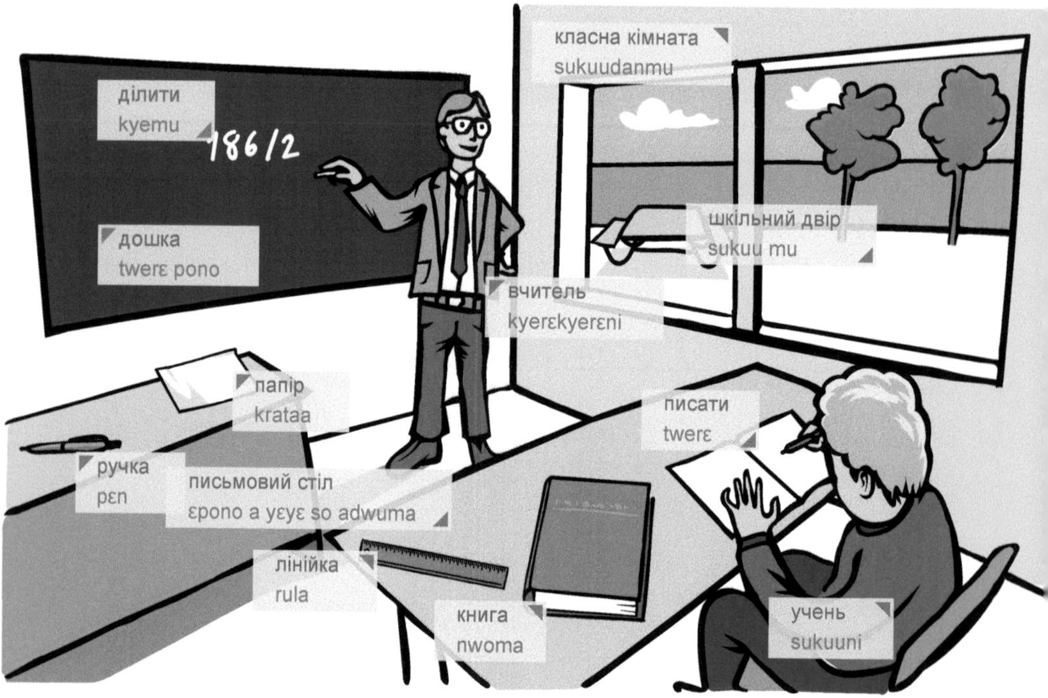

класна кімната
sukuudanmu
ділити
kyemu
186/2
шкільний двір
sukuu mu
дошка
twerɛ pono
вчитель
kyerɛkyerɛni
папір
krataa
писати
twerɛ
ручка
pɛn
письмовий стіл
ɛpono a yɛyɛ so adwuma
лінійка
rula
книга
nwoma
учень
sukuuni


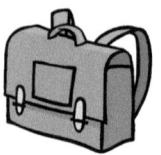

ранець

baage

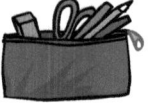

пенал

twerɛdua konko

олівець

twerɛdua

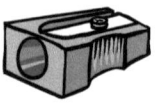

точило

deɛ yɛde sensen twerɛdua ano

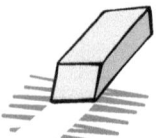

гумка

rɔba

альбом для малювання

krataa a yɛdwi adeguso

малюнок
adedwie

пензель
penti brɔhye

коробка фарб
penti adaka

ножиці
apasoɔ

клей
aman

зошит
nwoma a yɛyɛ mu adwuma

домашнє завдання
efie adwuma

число
nɔma

додавати
kabom

віднімати
te fri mu

множити
mmɔho

рахувати
sese

літера
lɛtɛ

абетка
ntwerɛeɛ

слово
asɛmfua

текст

ntwerɛdeɛ

читати

kenkan

крейда

kyɔk

година

adesua

класний журнал

twerɛ wo din

екзамен

nsɔhwɛ

диплом

abodinkrataa

шкільна форма

sukuu ataadeɛ

освіта

adesua

лексикон

nyansa nwoma

університет

suapɔn

мікроскоп

maakroskop

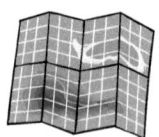

карта

map

кошик для паперу

kɛntɛn a yɛde krataa nwura
gu mu

# подорож
# akwantuo

готель
ahɔhogyebea
Grand
турбаза
hostɛl
ROOMS
обмінний пункт
baabi a yɛ sesa sika
валіза
potomanto
автомобіль
kaa

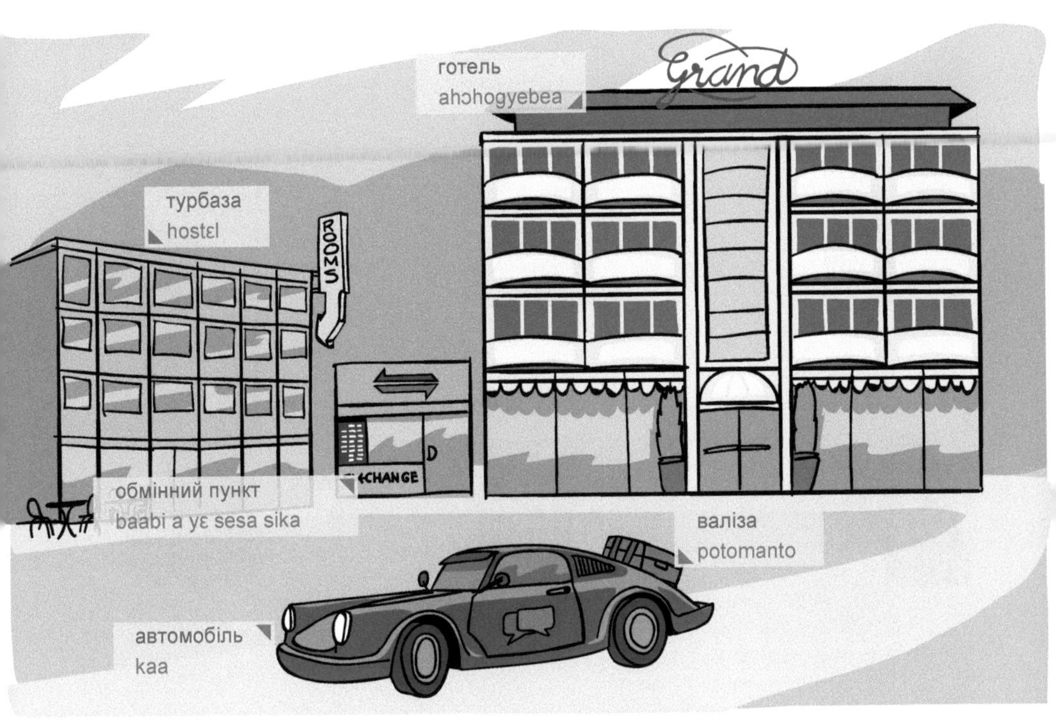

мова

kasa

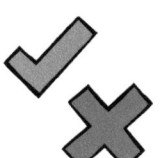

так / ні

aane / dabi

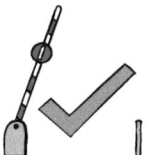

добре

Yoo

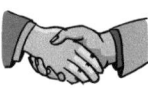

привіт

hɛlo

перекладач

kasa asekyerɛfoɔ

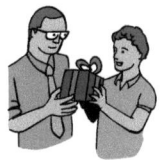

дякую

Medaase

Скільки коштує ...?

...boɔ yɛ sɛn?

Я не розумію

Me nte aseɛ

проблема

ɔhaw

Добрий вечір!

Maadwo!

Доброго ранку!

Maakye!

На добраніч!

Dayie!

До побачення

baibai o

напрямок

akwankyerɛ

багаж

wo nneɛma

сумка

bɔtɔ

рюкзак

akyirebɔtɔ

гість

ɔhɔhoɔ

кімната

danmu

спальний мішок

bɔtɔ a yɛda mu

намет

ntomadan

туристична інформація

nsɛm dema wɔn a wɔkɔ nsrahwɛ

пляж

mpoano

кредитна картка

kaade a yɛde yi sika

сніданок

anɔpa aduane

обід

awua aduane

вечеря

anwumerɛ aduane

квиток

tiket

ліфт

pegya

поштова марка

stamp

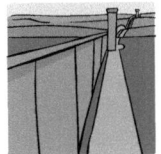

межа

ɛhyeɛ so

митниця

kutɔmfoɔ

посольство

embasi

віза

visa

паспорт

passpɔt

подорож - akwantuo

7

# транспорт

## akɔneabadie

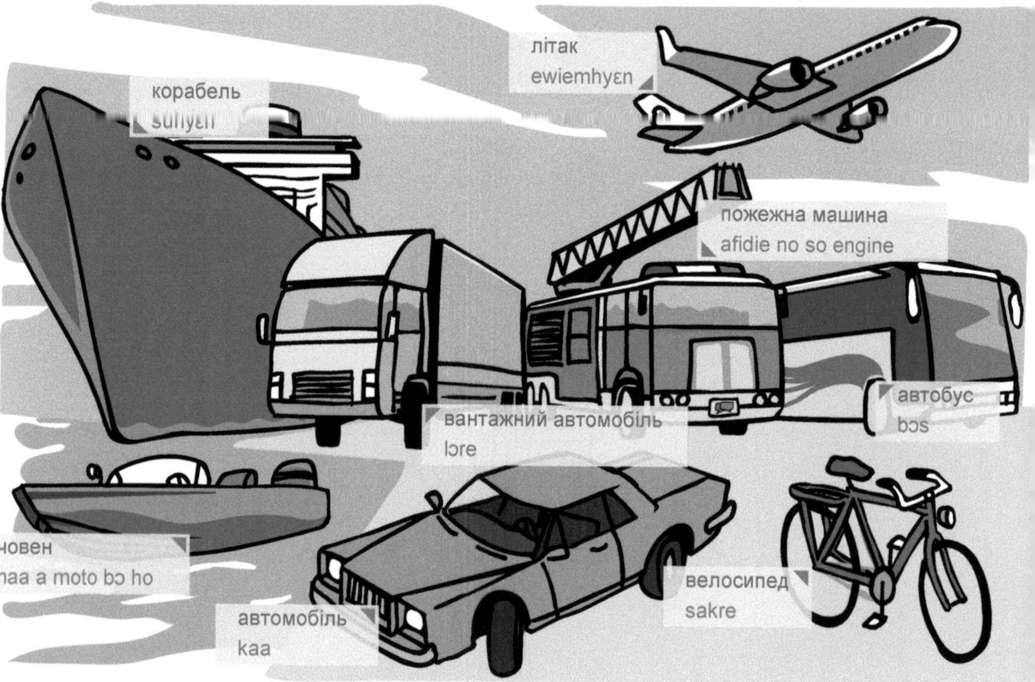

літак
ewiemhyɛn
корабель
suhyɛn
пожежна машина
afidie no so engine
автобус
bɔs
вантажний автомобіль
lɔre
човен
maa a moto bɔ ho
велосипед
sakre
автомобіль
kaa


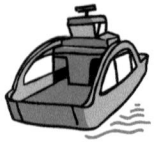

пором

hyɛma

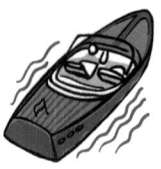

човен

suhyɛn kumaa

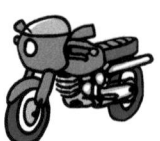

мотоцикл

motosakre

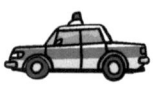

поліцейська машина

polisifoɔ kaa

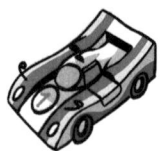

гоночний автомобіль

kaa a ɛkɔ mirika akansie

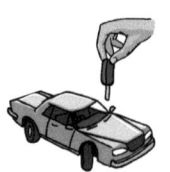

автомобіль на прокат

kaa a yɛde ma ahan

спільне користування авто

wɔre kyɛ kaa

евакуатор

lɔre a asɛeɛ

сміттєвоз

bɔɔla kaa

двигун

moto

паливо

pɛtro

автозаправна станція

baabi a yɛbu pɛtro

дорожній знак

trafik ahyɛnsodeɛ

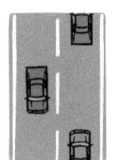

рух

trafik

затор

trafik akye

стоянка

baabi a yɛde kaa esi

вокзал

keteke gyinabea

рейки

keteke kwan

потяг

keteke

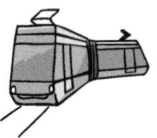

трамвай

tram

вагон

ponkɔ kaa

гелікоптер

helikopta

аеропорт

ewiemhyɛnbea

вежа

abansoro

пасажир

apasingyani

контейнер

tontowa

коробка

adaka

візок

kaate

кошик

kɛntɛn

стартувати / приземлятися

atu / asi fam

## місто

## kuro kɛseɛ

село

akurase

центр міста

kuro dwaberɛ mu

дім

efie

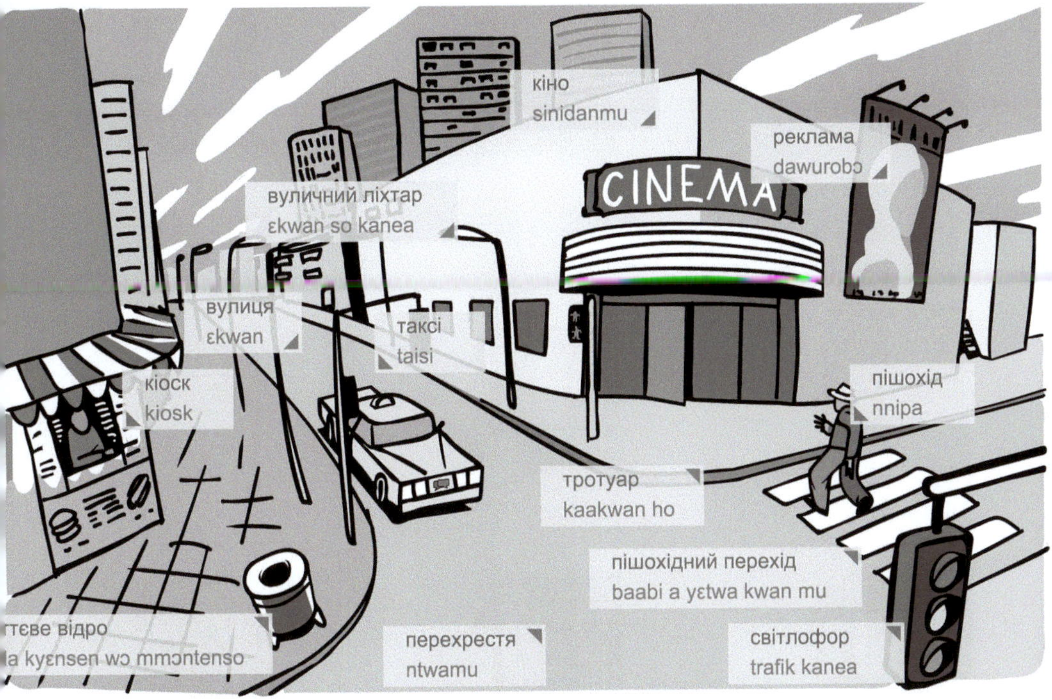

кіно
sinidanmu

реклама
dawurobɔ

вуличний ліхтар
ɛkwan so kanea

CINEMA

вулиця
ɛkwan

таксі
taisi

пішохід
nnipa

кіоск
kiosk

тротуар
kaakwan ho

пішохідний перехід
baabi a yɛtwa kwan mu

світлофор
trafik kanea

сміттєве відро
[b]a kyɛnsen wɔ mmɔntenso

перехрестя
ntwamu

хатина

apata

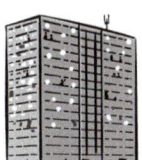

квартира

efie

вокзал

keteke gyinabea

ратуша

adwaberɛm

музей

bea a yɛ kora tete nneɛma

школа

sukuu

університет

suapɔn

банк

sikakrobea

лікарня

ayaresabea

готель

ahɔhogyebea

аптека

famasi

офіс

asoeɛ

книжковий магазин

sotɔɔ a wɔtɔn nwoma

магазин

sotɔɔ

квітковий магазин

baabi yɛtɔn nhwiren

супермаркет

sotɔɔpɔn

ринок

edwam

універмаг

sotɔɔ kɛseɛ

торговець рибою

baabi a yɛtɔn mpataa

торговельний центр

dwadibea kɛseɛ

гавань

suhyɛn gyinabea

парк

baabi kaa gyina

лава

bɛnkye

міст

ɛtwene

сходи

atwedeɛ

метро

asaase ase

тунель

ɛbɔn

автобусна зупинка

baabi a bɔs gyina

бар

nsanombea

ресторан

adidibea

поштова скринька

lɛta adaka

вулична табличка

ɛkwan so akwankyerɛ

лічильник паркування

baabi kaa gyina ho mita

зоопарк

zoo

басейн

nsuo a yɛ dware mu

мечеть

nkramodan

ферма

afuo

забруднення навколишнього середовища

deɛ egu mmɔnten so fi

кладовище

asieɛ

церква

asɔre

дитячий майданчик

agodibea

храм

asɔre dan

## ландшафт

## mmɔnten so asiesie

листок
ahaban

вказівний стовп
sanbɔd

шлях
kwan

луг
asaase a ɛsere wɔ so

камінь
boba

мандрівник
ɔnantefoɔ

дерево
dua

річка
asubonten

трава
ɛserɛ

квітка
nhwiren

долина

amenamu

гора

bepɔ

озеро

tadeɛ

ліс

kwaeɛ

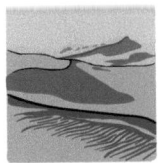

пустеля

ɛserɛ so

вулкан

egya a efri botan mu

замок

abankɛseɛ

веселка

nyankontɔn

гриб

emere

пальма

abɛtene

комар

ntomntom

муха

tu

мурашка

ntɛtea

бджола

wowa

павук

ananse

жук

amankuo

жаба

apɔnkyerɛni

вивірка

opuro

їжак

apɛsɛ

заєць

adanko

сова

patuo

птах

anomaa

лебідь

nsuo mu dabodabo

кабан

kɔkɔte

олень

adoa

лось

ɔtweenini

гребля

dam

вітряк

wind turbine afidie

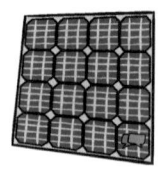

сонячний модуль

afidie a ɛkye awia

клімат

wiem nsakraeɛ

# ресторан

# adidibea

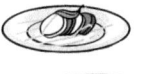

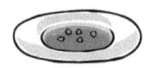

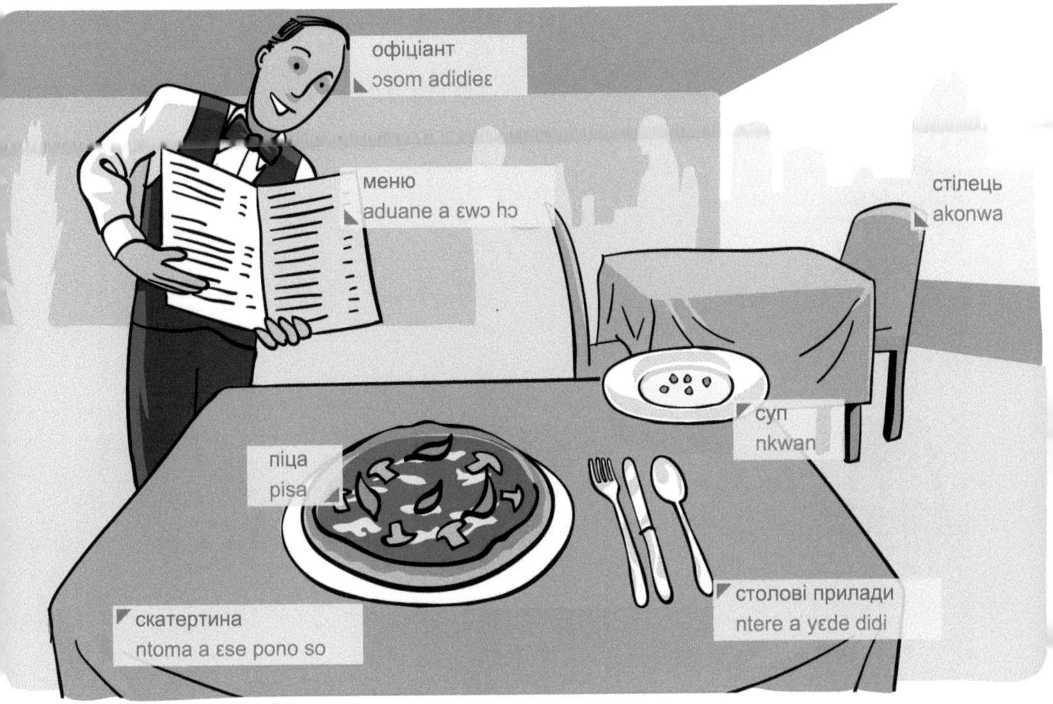
офіціант
ɔsom adidieɛ
меню
aduane a ɛwɔ hɔ
стілець
akonwa
суп
nkwan
піца
pisa
столові прилади
ntere a yɛde didi
скатертина
ntoma a ɛse pono so

закуска

mprampra anom

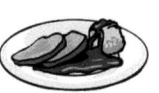

друга страва

aduane no ankasa

десерт

mpa anom

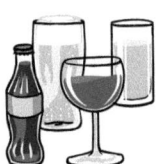

напої

nsa

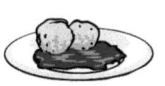

їжа

aduane

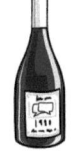

пляшка

toa

**фаст-фуд**

aduane hyewhyew

**вулична їжа**

abɔnten so aduane

**чайник**

tii kukuo

**цукорниця**

asikyire konko

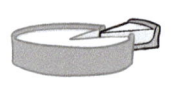

**порція**

wo kyɛfa

**еспресо-машина**

espresso afidie

**високий стільчик**

akonwa tenten

**рахунок**

wo ka

**піднос**

apanpan

**ніж**

sekan

**вилка**

adinam

**ложка**

atere

**чайна ложка**

atere ketewa

**серветка**

napkin a yɛde pepa ano

**склянка**

glase

тарілка

prɛte

тарілка для супу

kwan kyɛnsee

блюдце

prɛte ketewa

соус

abomu

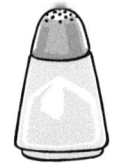

солонка

nkyene kukuo

млин для перцю

yɛde yam mako

оцет

fenega

масло

anwa

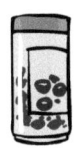

спеції

aduhwam

кетчуп

kɛkyɔp

гірчиця

mustad

майонез

mayones

# супермаркет

# sotɔɔpɔn

пропозиція
ntesoɔ soronko
FOR
клієнт
adetɔfoɔ
молочні продукти
nanatwie nufusuo
фрукти
aduaba
візок для покупок
hwiili

BUTCHERS

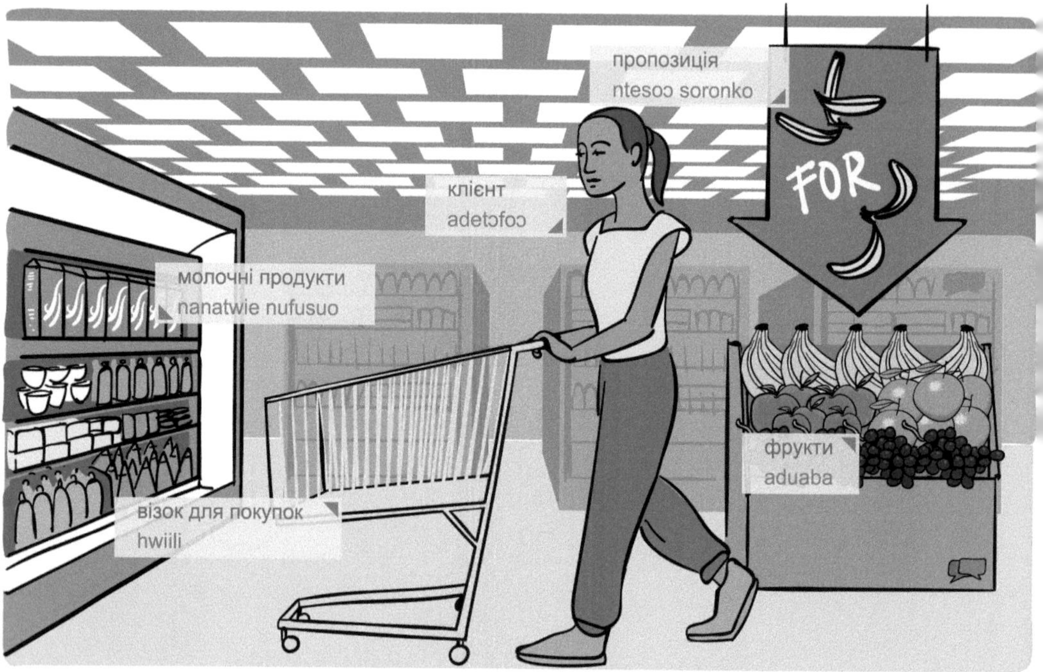

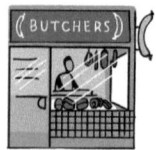

м'ясний магазин

baabi a yɛtɔn nam

BAKERY

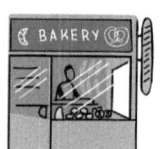

пекарня

baabi a yɛtɔn paano

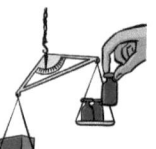

зважувати

susu

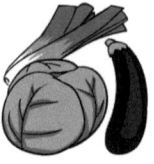

овочі

atosodeɛ

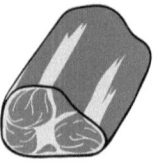

м'ясо

nam

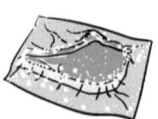

заморожені продукти

frigyemu aduane

ковбасна нарізка

nam a adwoɔ

консерви

kyɛnsee mu aduane

пральний порошок

paoda samena

солодощі

adedɔkɔdɔkɔ

предмети домашнього побуту

efie nneɛma

мийний засіб

adetɔneɛ a yɛde pepa fin

продавщиця

nnipa a ɔtɔn adeɛ

каса

afidie a egye sika

касир

ɔgyegye sika

список покупок

krataa a wodi rekɔ di dwa

часи роботи

berɛ a wɔde bua

гаманець

sikabotɔ

кредитна картка

kaade a yɛde yi sika

сумка

baage

поліетиленовий пакет

rɔba baage

вода

nsuo

сік

aduaba mu nsuo

молоко

nufusuo

кола

kok

вино

wain nsa

пиво

biya

алкоголь

mmorosa

какао

kokoo

чай

tii

кава

kofe

еспресо

espresso

капучіно

kapukyino

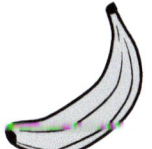

банан

kwadu

яблуко

apol

апельсин

ankaa

кавун

melon

лимон

ɔtuka

морква

karɔt

часник

garlik

бамбук

pampro

цибуля

gyeene

гриб

mmere

горішки

nkateɛ

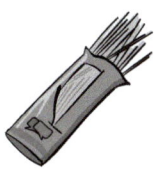

локшина

talia

спагеті

spageti

рис

ɛmo

салат

salad

картопля фрі

kyipis

смажена картопля

abrɔdwomaa a y'akye

піца

pisa

гамбургер

hambɔga

бутерброд

sanwekye

шніцель

nam a dompe nnim

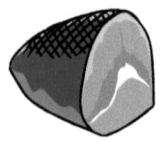

шинка

preko nam

салямі

nam a y'ahata

ковбаса

sɔsege

курка

akokɔ

печеня

toto

риба

apataa

вівсяні пластівці

oosu koko

мюслі

muesli

кукурудзяні пластівці

konflese

борошно

esam

круасан

krossant

булочка

paano a y'abobɔ

хліб

paano

тостовий хліб

paano a y'atoto

печиво

biskete

масло

bɔta

сир

nufusuo a ada

пиріг

keeke

яйце

kosua

яєчня

kosua a y'akyeɛ

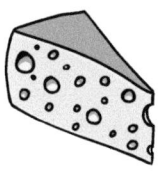

сир

kyiis

їжа - aduane

морозиво

asskrim

цукор

asikyire

мед

ɛwoɔ

мармелад

gyaam

нуга-крем

kyokolete

карі

kɔri

# ферма

## afuo

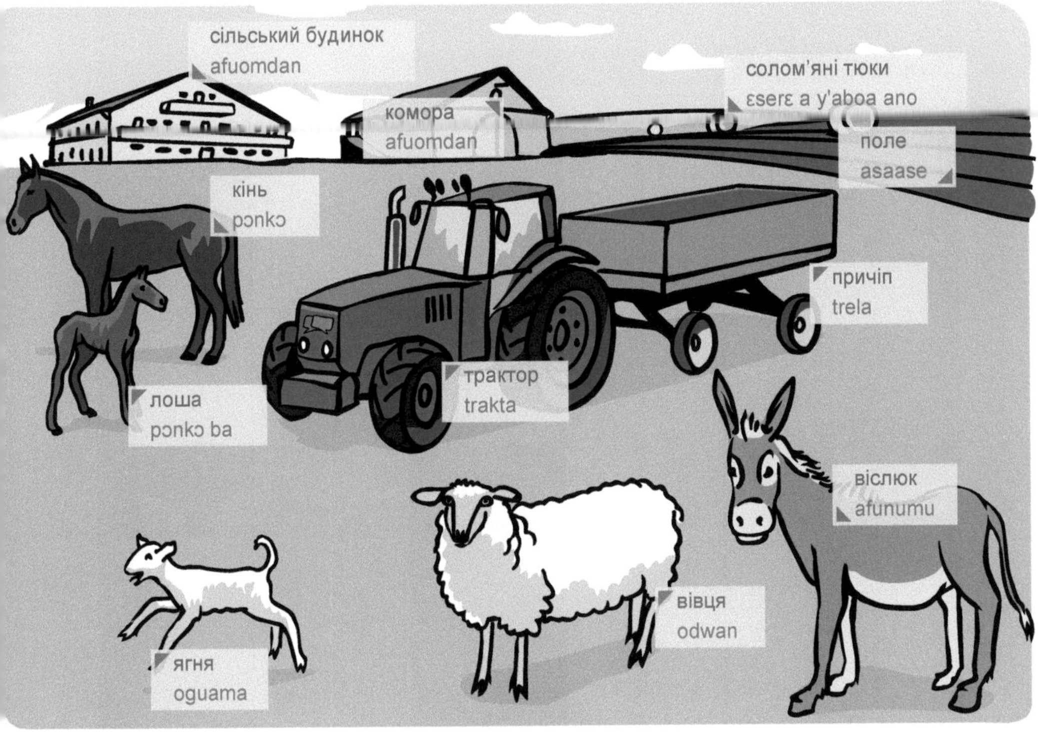
сільський будинок
afuomdan
комора
afuomdan
солом'яні тюки
ɛserɛ a y'aboa ano
поле
asaase
кінь
pɔnkɔ
причіп
trela
трактор
trakta
лоша
pɔnkɔ ba
віслюк
afunumu
вівця
odwan
ягня
oguama

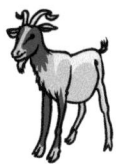

коза

apɔnkye

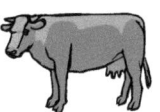

корова

nantwie

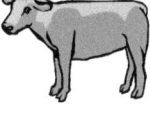

теля

nantwie ba

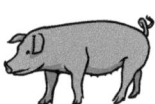

свиня

prɛko

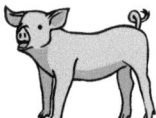

порося

prɛko ba

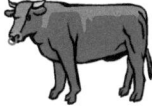

бик

nantwinini

гусак
dabodabo nua

качка
dabodabo

курча
akokɔba

курка
akokɔbedeε

півень
akokɔnini

щур
kusie

кіт
ɔkra

миша
akura

віл
nantwinini

собака
kraman

собача будка
kraman buo

садовий шланг
afuom drobεn

лійка
tontora a yεde gu nsuo

коса
sekan a yεde twa aburo

плуг
funtum dadeε

**ферма - afuo**

серп

kɔntɔnkrɔ

мотика

asɔ

вила

afuom adinam

сокира

akuma

тачка

hweebaro

корито

adidika

бідон молока

nufusuo konko

мішок

bɔtɔ

паркан

ɛban

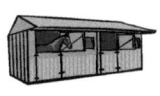

хлів

pɔnkɔ dan

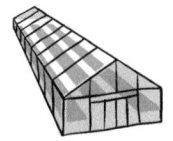

теплиця

ntomadan a yɛyɛ mu afuo

ґрунт

anwea

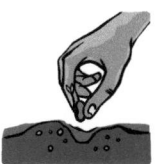

насіння

aba

добриво

ɔyɛ asaaseyie

комбайн

otwaberɛ trakta

пожинати

twa

урожай

otwaberɛ

корінь ямсу

bayerɛ

пшениця

ayuo

соя

soya

картопля

abrɔdwomaa

кукурудза

aburo

ріпак

repu aba

плодове дерево

dua a ɛso aba

маніок

bankye

злаки

aburo asefoɔ

ферма - afuo

**димохід**
nwusie kyiniieɛ

**дах**
mmɔsoɔ

**водостічний лоток**
paipo a nsuo fa mu

**вікно**
mprɔma

**гараж**
garage

**дзвінок**
ɛponо ho adɔma

**двері**
ɛpono

**відро для сміття**
bɔɔla kyɛnsen

**поштова скринька**
lɛta adaka

**сад**
afuoketewa

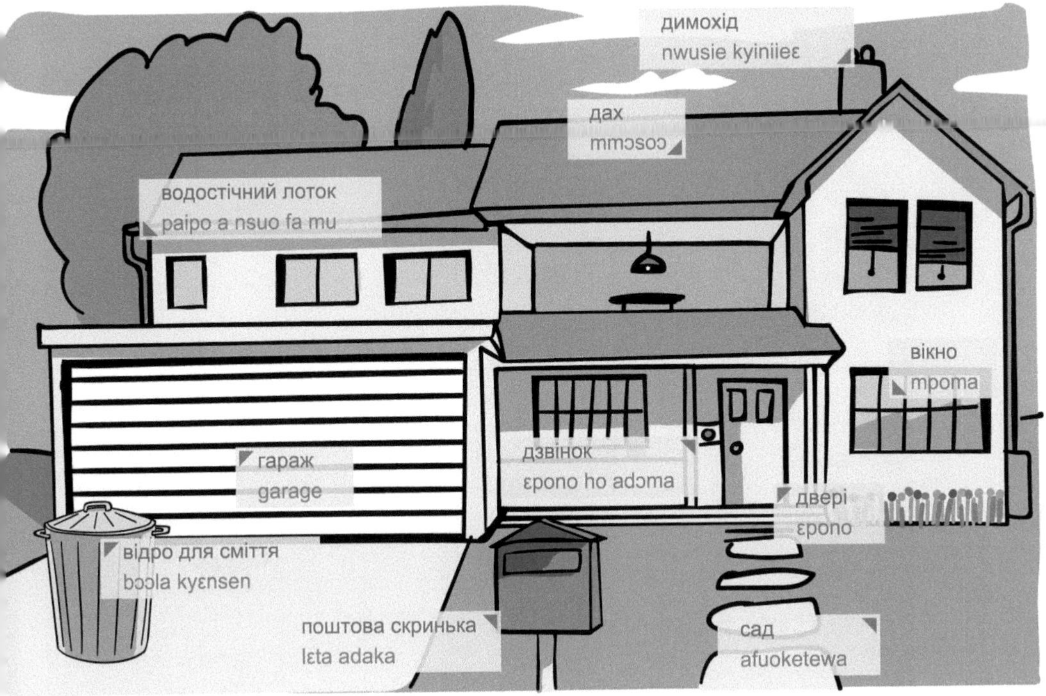

вітальня
.............
asaso

ванна кімната
.............
adwareɛ

кухня
.............
mukaase

спальня
.............
pie mu

дитяча кімната
.............
nkwadaa dan mu

їдальня
.............
dan a yɛdidi mu

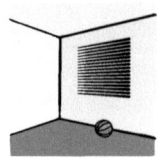

підлога

εfam

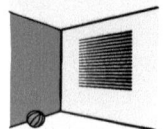

стіна

εban

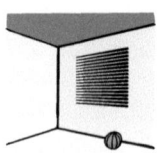

стеля

abruuso

підвал

danbloo

сауна

adwereε a εbɔ ɔhyew

балкон

abranaa

тераса

abranaaso

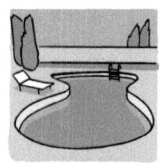

басейн

nsuo a yεdware mu

косарка

afidie a yεde dɔ

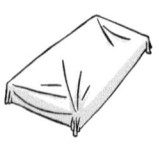

простирало

nsεfam

ковдра

ntoma a εse kεtε so

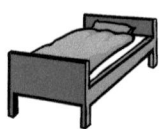

ліжко

mpa

мітла

ꝑrayε

відро

bokiti

перемикач

dane

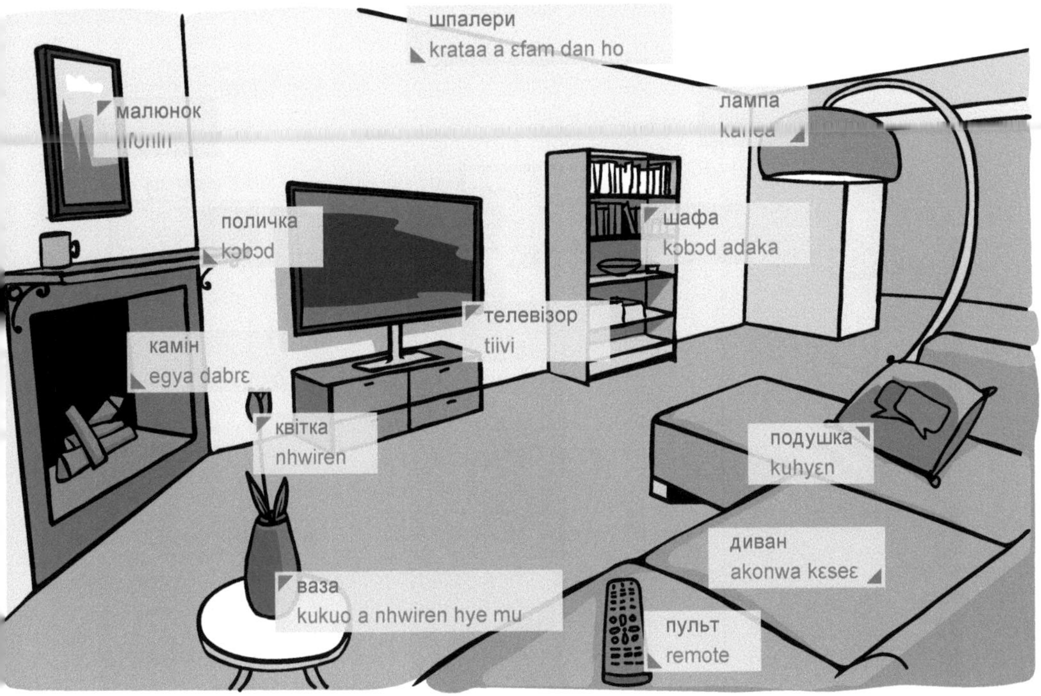

шпалери
krataa a ɛfam dan ho

малюнок
nfonin

лампа
kanea

поличка
kɔbɔd

шафа
kɔbɔd adaka

камін
egya dabrɛ

телевізор
tiivi

квітка
nhwiren

подушка
kuhyɛn

диван
akonwa kɛseɛ

ваза
kukuo a nhwiren hye mu

пульт
remote

килим

kapɛte

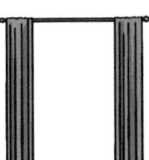

завіса

ntwaa dan mu

стіл

ɛpono

стілець

akonwa

крісло-гойдалка

akonwa a ehinhim

крісло

akonwa a uɛgyegye dan

книга

nwoma

ковдра

kuntu

прикраса

dan mu nsiesie

дрова

egya

фільм

sini

стереосистема

wailɛs

ключ

safoa

газета

koowaa krataa

картина

nfonin a y'adwi

плакат

nfam danho

радіо

radio

блокнот

krataa a yɛ twere mu

пилосос

afidie a ɛprapra

кактус

kaktus

свічка

kyɛnere

# кухня
# mukaase

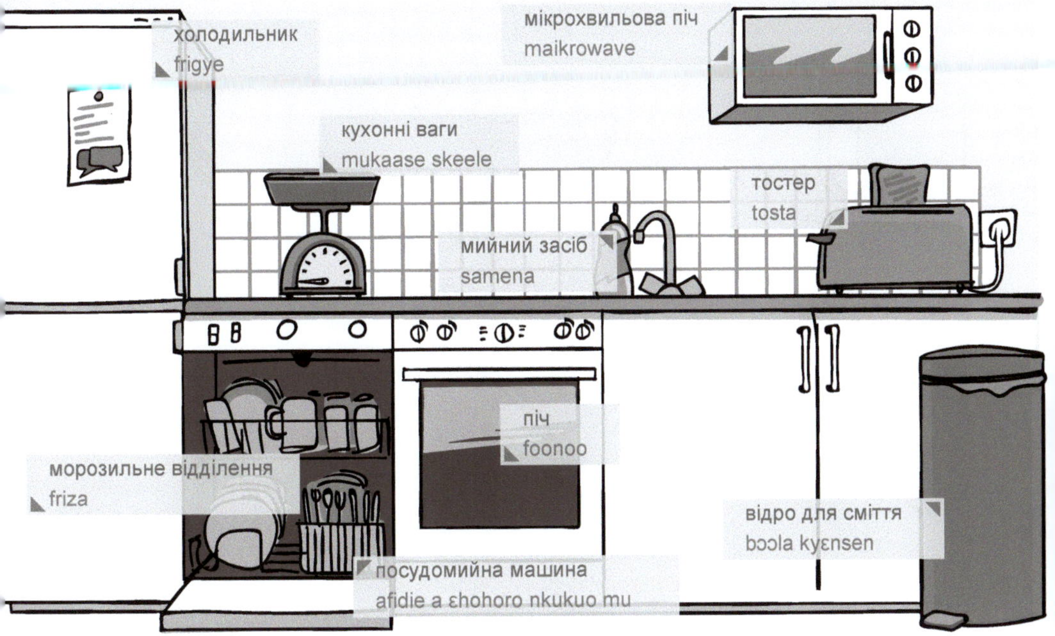
холодильник
frigye
мікрохвильова піч
maikrowave
кухонні ваги
mukaase skeele
тостер
tosta
мийний засіб
samena
піч
foonoo
морозильне відділення
friza
відро для сміття
bɔɔla kyɛnsen
посудомийна машина
afidie a ɛhohoro nkukuo mu

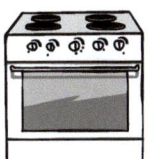

плита
abɛɛfo bukyea

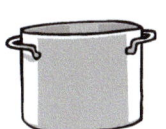

горщик
kokuo

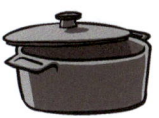

чавунний горщик
dadesɛn

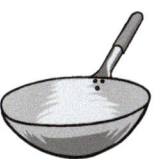

вок / кадай
wok / kadai

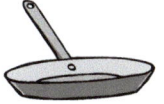

сковорода
kyɛnsee

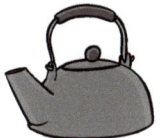

чайник
nsuo hyeɛ afidie

пароварка

stiima

лист

apa a yɛ to so adeɛ

посуд

prɛte, kuruwa, ntere ne nea ɛkeka ho

кухоль

kuruwa a etumi bɔ

чаша

kyɛnsee

палички для їжі

nnua a yɛde didi

черпак

kwantre

лопатка

dua atere

вінчик для збивання

yɛde nu adeɛ mu

сито

sɔneɛ

сито

fefe

терка

greta

ступка

waduro

барбекю

kyinkyinga

багаття

bukyea

**дошка**

εpono a yε twitwaso adeε

**качалка**

εta

**штопор**

deε yεtu nsa so

**конзерва**

konko

**відкривачка**

deε yεde bue konko so

**прихватки**

yεde sɔ kukuo mu

**раковина**

sink

**щітка**

brɔhye

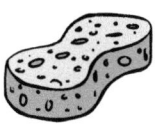

**губка**

sapɔ

**міксер**

aduane yam fidie

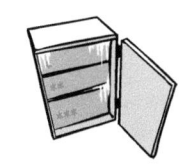

**морозильна камера**

friza nini

**дитяча пляшка**

toa a abɔdoma nom ano

**кран**

paipo

опалення
ɔhyewdɔ

душ
hyawa

рушник
bɔɔloba

душова завіса
ntoma etwa hyawa mu

піниста ванна
ahuro a yɛdware mu

ванна
pan a yɛdware mu

склянка
glase

пральна машина
afidie a esi nnɛma

кран
paipo

плитка
tiailse

горшок
kuraba

раковина
sink

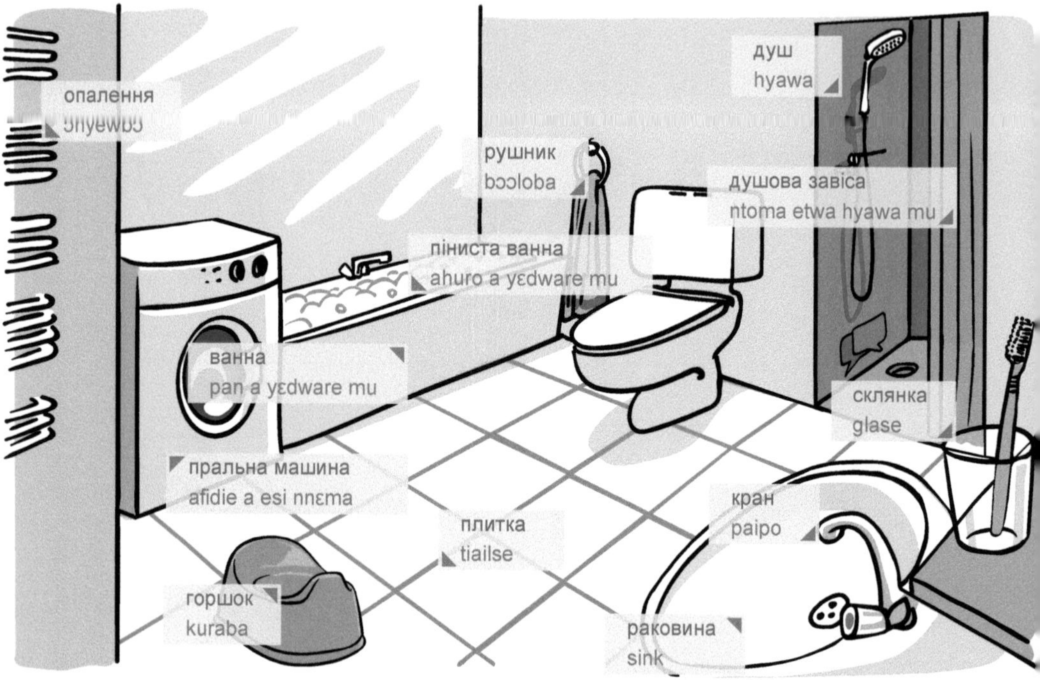

туалет

teɛfi

підлоговий туалет

teɛfi a yɛ koto so

біде

bidet teɛfi

пісуар

dwonsɔ dan

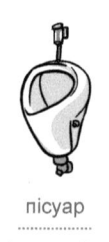

туалетний папір

teɛfi so krataa

щітка для туалету

teɛfi so brɔhye

зубна щітка

brɔhye a yɛde twitwiri see

зубна паста

aduro a yɛde twitwiri see

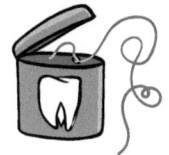

нитка для чищення зубів

yɛde yiyi ɛsee mu

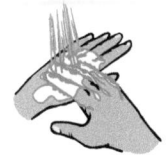

мити

si

ручний душ

hyawa a yɛsɔ mu

інтимний душ

paipo a yɛde hohoro ananmu

таз

bokiti

щітка для спини

brɔhye a wode dware w'akyi

мило

samena

гель для душу

hyawa samena

шампунь

nsuo samena

мочалка

flanɛl ntoma

водостік

baabi a nsu fa pue

крем

nku

дезодорант

yɛde fefa amotoamu

дзеркало

ahwehwɛ

косметичне дзеркало

ahwehwɛ a yɛso mu

бритва

bled

піна для гоління

ahuro a yɛde yi nwi

лосьйон після гоління

aduro a yɛde fefa baabi a
wo ayi nwi

гребінь

afen

щітка

brɔhye

фен

afidie a ɛwo nwi

лак для волосся

enwi sopre

косметика

pɔns

губна помада

lipstike

лак для нігтів

penti a yɛde mɔreɛ so

вата

asaawa

ножиці для нігтів

apasoɔ a etwa mmɔreɛ

парфум

aduhwam

косметичка

adwareɛ baage

табурет

edwa

ваги

skele

халат

adwereɛ ataadeɛ

гумові рукавички

rɔba a yɛde hyɛ nsa ho

тампон

tampon

гігієнічні прокладки

abɛɛfo amonsen

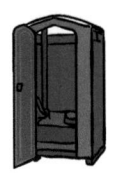

біотуалет

teɛfi a aduro gum

# дитяча кімната

# nkwadaa dan mu

будильник
klɔk a ɛbɔ nkaeɛ
м'яка іграшка
kyoobi
іграшковий автомобіль
toi kaa
брязкальце
akasaa
ляльковий будиночок
broniba dan
подарунок
seeseiara

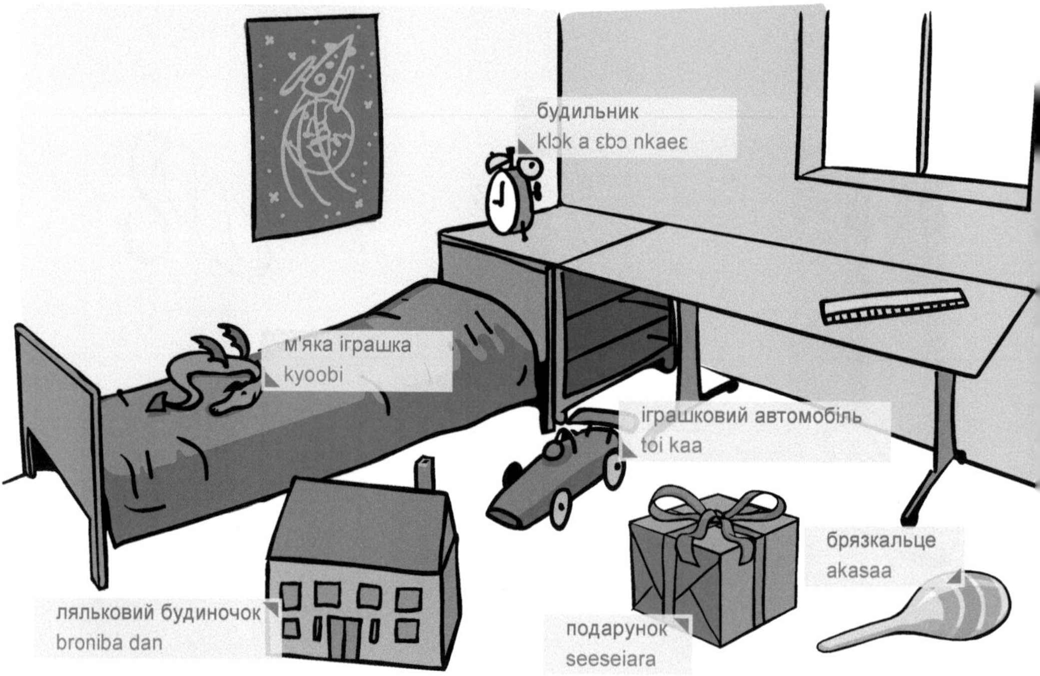

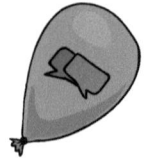

повітряна кулька

baaluu

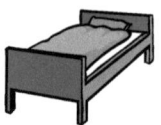

ліжко

mpa

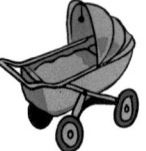

дитячий візок

nkwadaa kaa

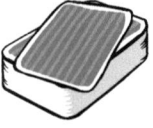

картярська гра

sopaa

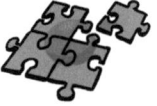

пазл

gyiksɔɔ

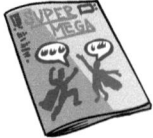

комікс

nsɛnkwa

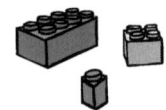

лего цеглинки

lego blɔg

блоки

blɔg a yɛde si dan

іграшкова фігурка

nnipa ɔbɔhye

повзунки

abɔdoma ataadeɛ

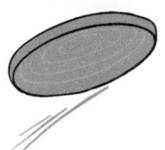

фризбі

frisbee

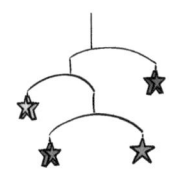

мобіле

mobail

настільна гра

ponoso agodie

кубик

daahye

модель залізнична станція

nkwadaa keteke

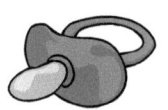

соска

koliko

вечірка

apontoɔ

книжка з картинками

nfonin nwoma

м'яч

bɔɔlɔ

лялька

broniba

грати

di agorɔ

пісочниця

anwea adaka

гойдалка

adonko

іграшка

tois

гральна консоль

video agodie apaawa

триколісний велосипед

sakre a ne nan mɛɛnsa

плюшевий мішка

kyoobi

шафа

wɔdropo

## одяг

## ntaadeɛ

шкарпетки

sɔks

панчохи

stokens

колготки

sekentait

шарф
duku

ремінь
bɛlɛtɛ

парасоля
kyiniɛ

футболка
t-hyɛɛt

чоботи
mpaboa

домашнє взуття
kyalewate

кросівки
kamboo

сандалі
asopatre

взуття
mpoboa

гумові чоботи
rɔba mpaboa

труси
ɛtam

бюстгальтер
bra

нижня сорочка
singlɛte

боді

nipadua

штани

trɔsa

джинси

gyins

спідниця

sekɛɛt

блузка

ɛsoro ataadeɛ

сорочка

hyɛɛte

пуловер

nkatoho a ɛko awɔ

светр

hoodie

піджак

koot

куртка

nkatasoɔ

пальто

nkatasoɔ

дощовик

nsutɔ mu nkataho

костюм

dwumadie bi ho ataadeɛ

сукня

mmaa atadeɛ

весільна сукня

ayefrɔ ataadeɛ

костюм

kootu

нічна сорочка

mmaa ataadeɛ a yɛde da

піжама

pigyamas ataadeɛ

сарі

sari

головна хустка

duku

чалма

abotire

бурка

burka

кафтан

kaftan

абая

nkramofoɔ mmaa atadeɛ

купальник

ataadeɛ a yɛde dware nsuo

плавки

asenemu ataadeɛ

шорти

nika

тренувальний костюм

agokansie ntaadeɛ

фартух

akatasoɔ

рукавички

nsa nkataho

гудзик

bɔtom

окуляри

sopɛɛse

браслет

ahwneɛ

ланцюг

komadeɛ

кільце

kawa

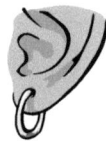

сережка

asomadeɛ

шапка

ɛkyɛ

плічка

yɛde koot sɛn so

капелюх

ɛkyɛ

краватка

abɔmene mu

застібка-блискавка

zip

шолом

ɛkyɛ denden

підтяжки

bresis

шкільна форма

sukuu ataadeɛ

уніформа

adwuma ataadeɛ

нагрудник

mmɔfra bib

соска

koliko

підгузок

nkwadaa napken

сервер
sɛɛva

шаф для документів
kabenɛt

принтер
printa

монітор
monita

папір
krataa

миша
Maws

письмовий стіл
ɛpono a yɛyɛ so adwuma

папка
nhyemu

синтезатор
ntwerɛeɛ ɔpono

ʌик для паперу
tɛn a yɛde krataa nwura gu mu

комп'ютер
komputa

стілець
akonwa

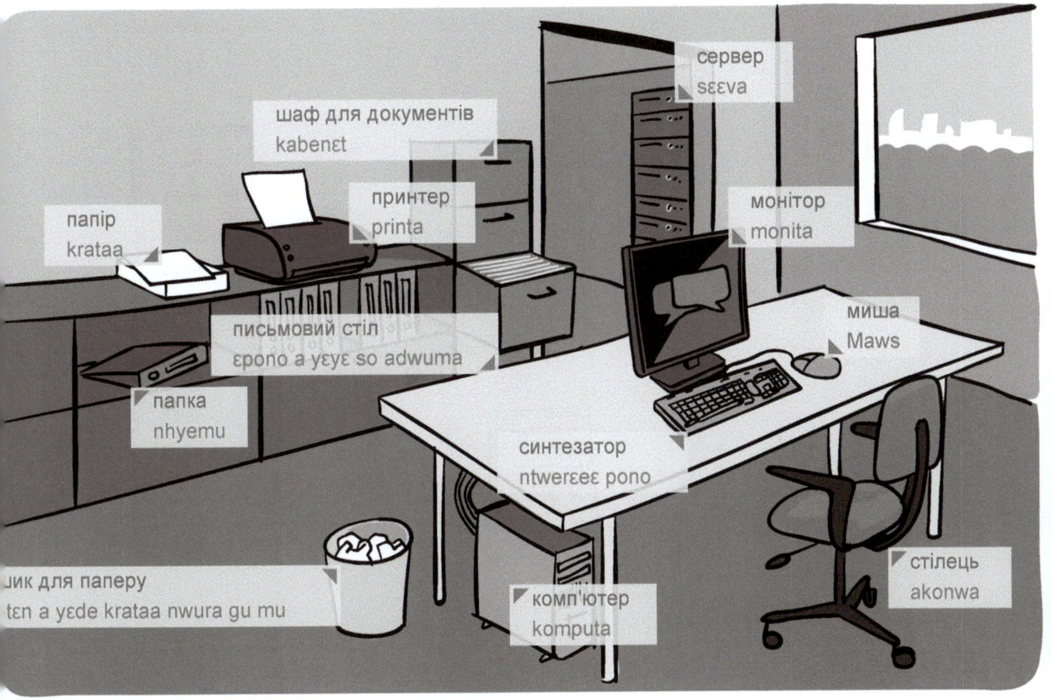

кавовий кухоль

kɔfe kuruwa

калькулятор

akontabuo fidie

інтернет

intanɛt

ноутбук
laptop

лист
lɛta

повідомлення
nkratɔɔ

мобільний телефон
mobail kasafidie

мережа
nɛtwɛke

копіювальний пристрій
fotokɔpi

програмне забезпечення
softwɛɛ

телефон
tetefon

розетка
sɔkɛt

факс
faks afidie

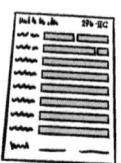

бланк
katraa

документ
nkrataa

купувати

tɔ

платити

tua

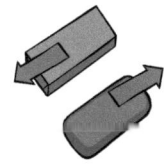

торгувати

di dwa

гроші

sika

долар

dollar

євро

euro

ієна

yen

рубль

rubel

франк

Swiss franks

юанів женьміньбі

renminbi yuan

рупія

rupii

банкомат

baabi yɛtua sika

обмінний пункт

baabi a yε sesa sika

золото

sika kɔkɔɔ

срібло

dwetε

нафта

now

енергія

ahɔɔden

ціна

ne boɔ

контракт

kontragye

податок

εtoɔ

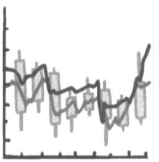

акція

stɔk

працювати

adwuma

працівник

adwumayεni

роботодавець

adwumawura

фабрика

mfididwuma mu

магазин

sotɔɔ

# професії

# nwuma ahodoɔ

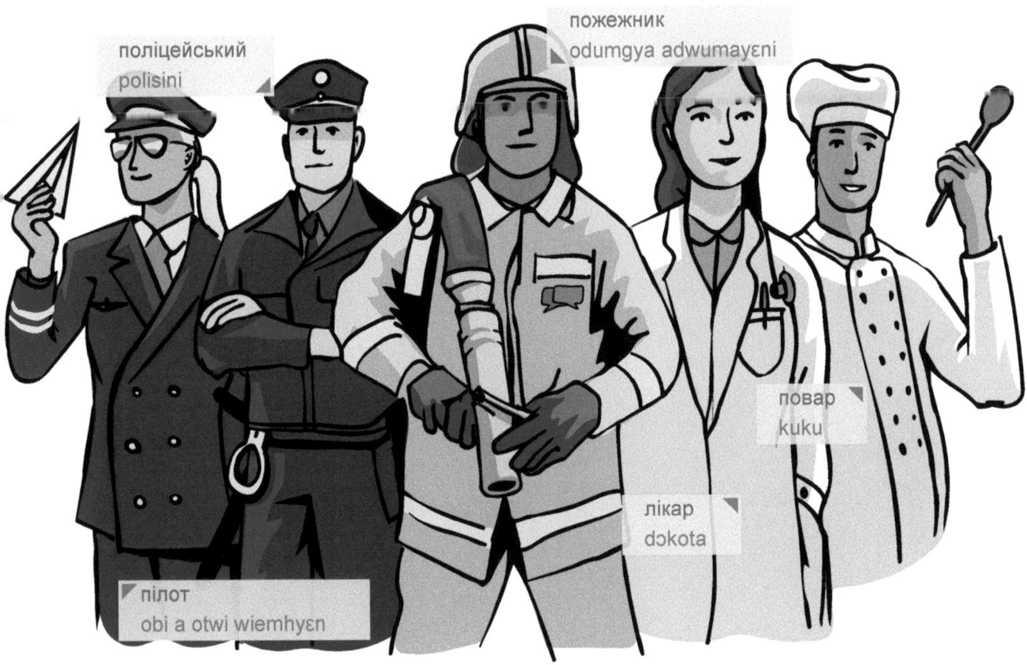
пожежник
odumgya adwumayɛni
поліцейський
polisini
повар
kuku
лікар
dɔkota
пілот
obi a otwi wiemhyɛn

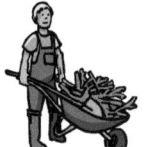

садівник

ɔyɛ afuo

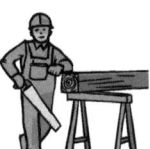

столяр

dua dwomfoɔ

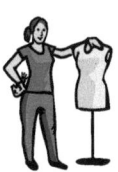

швачка

adepani baa

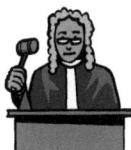

суддя

atɛnmuafoɔ

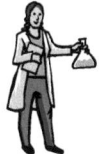

хімік

ɔtɔn nnuro

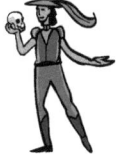

актор

sini yɛfoɔ

водій автобуса

bɔs drɔba

таксист

taisi drɔba

рибалка

ɔpofoɔ

прибиральниця

ɔbaa a osiesie fie

покрівельник

ɔbɔdanso

офіціант

ɔsom adidieɛ

мисливець

bɔmɔfoɔ

художник

penta

пекар

ɔto paano

електрик

ɔyɛ nkaneɛ ho adwuma

будівельник

ɔdansifoɔ

інженер

inginia

забійник

ɔdwa nam

бляхар

plɔmba

листоноша

krataa manefoɔ

солдат

sogyani

архітектор

ɔdwi adan

касир

ɔgyegye sika

флорист

ɔtɔn nhwiren

перукар

ɔyɛ tire

кондуктор

meeti

механік

fitani

капітан

nnipa a otwi suhyɛn

дантист

ɛsee dɔkota

вчений

abɔdeɛ mu nimdefoɔ

рабин

rabi

імам

kramo panin

монах

ɔsɔfo

пастор

ɔsɔfo

# інструменти
## anwenade

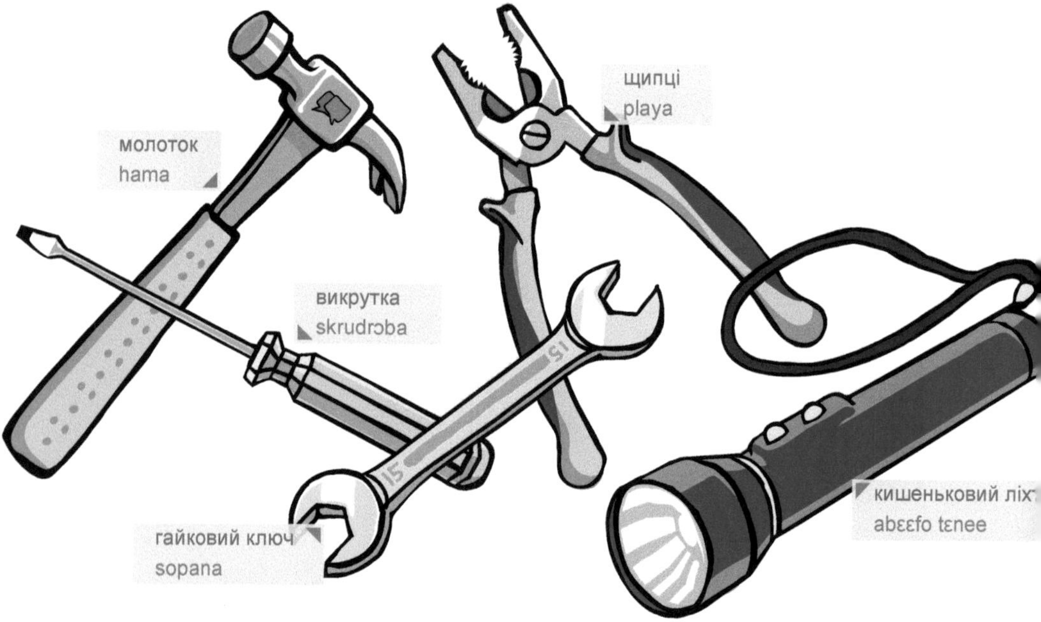

молоток
hama
щипці
playa
викрутка
skrudrɔba
гайковий ключ
sopana
кишеньковий ліх
abɛɛfo tɛnee


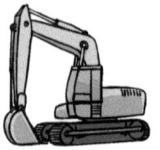

екскаватор

otu amena

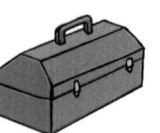

ящик для інструментів

anwenade adaka

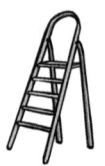

драбина

atwedeɛ

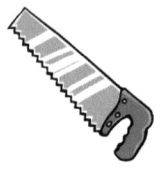

пилка

asradaa

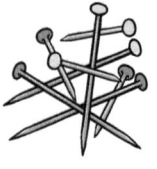

цвяхи

nnadewa

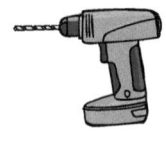

свердло

afidie a yɛde bɔne tokro

ремонтувати
siesie

лопата
sofi

лайно!
Ebei!

совок
asanwura

відро з фарбою
penti kukuo

гвинти
skruu

## музичні інструменти
## nneɛma a yɛde bɔ nwom

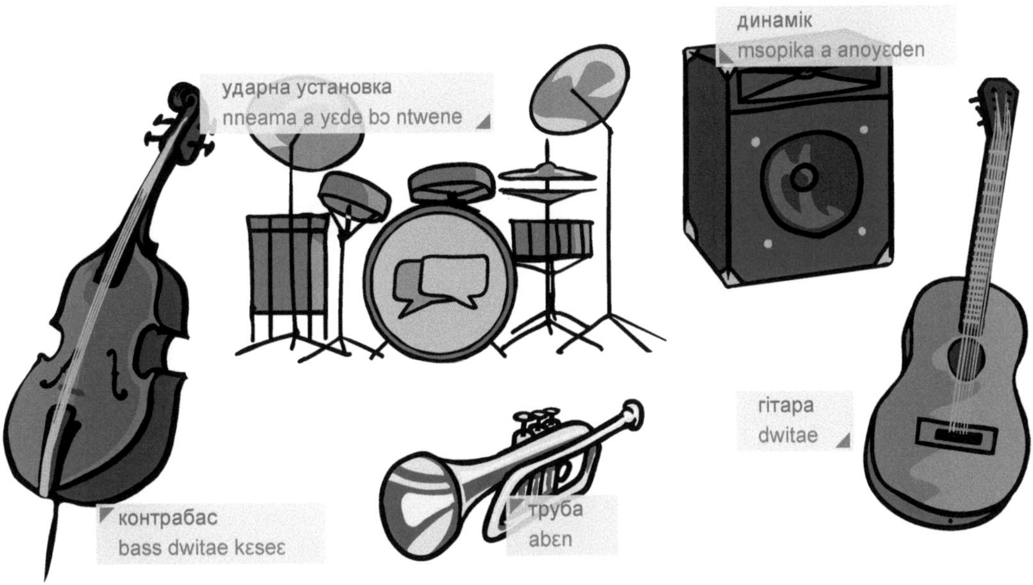

ударна установка
nneama a yɛde bɔ ntwene

динамік
msopika a anoyɛden

гітара
dwitae

контрабас
bass dwitae kɛseɛ

труба
abɛn

фортепіано

sankuo

скрипка

ahoma sankuo

бас

bass dwitae

литаври

atumpan

барабан

ntwene

клавіатура

ntwerɛeɛ apa

саксофон

saksofon

флейта

atentenbɛn

мікрофон

maikrofon

# зоопарк

## zoo

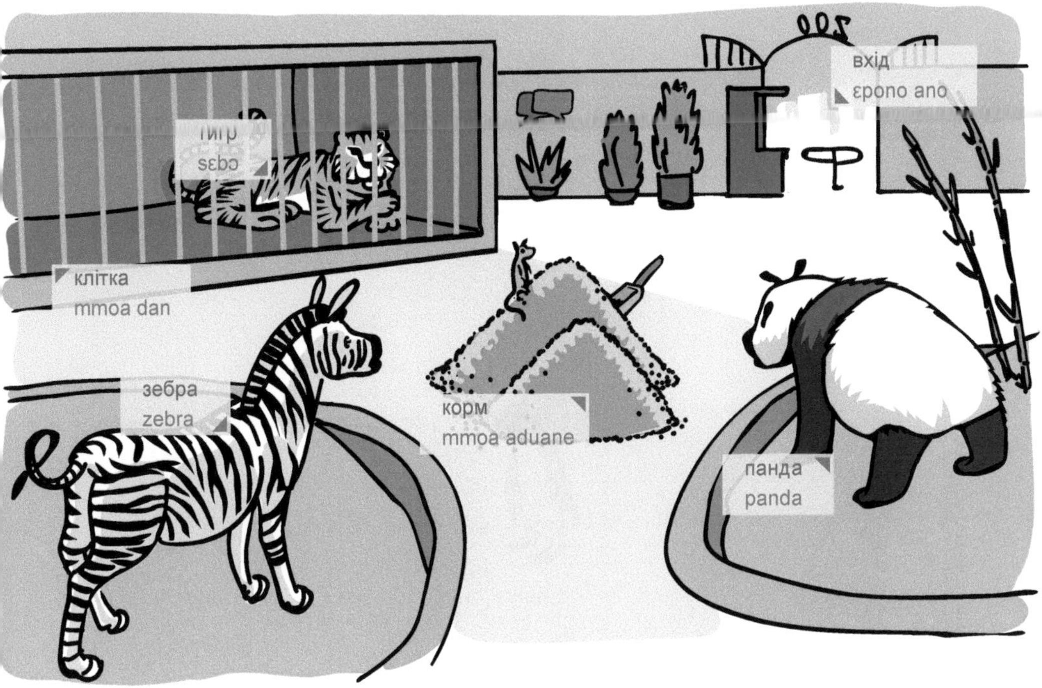

вхід
ɛpono ano
тигр
ɔsebɔ
клітка
mmoa dan
зебра
zebra
корм
mmoa aduane
панда
panda


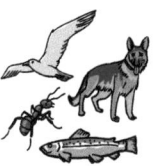

тварини

mmoa

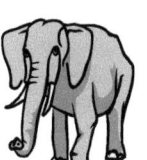

слон

ɔsono

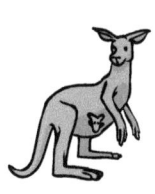

кенгуру

kangaru

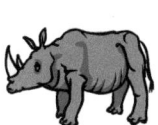

носоріг

raino

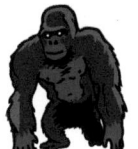

горила

akatea

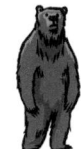

ведмідь

sisire

верблюд

afunupɔnkɔ

страус

sohori

лев

gyata

мавпа

adwee

фламінго

flamingo

папуга

ako

білий ведмідь

awɔ mu sisire

пінгвін

penguin

акула

oboodede

павич

akɔkonini abankwa

змія

wɔwɔ

крокодил

dɛnkyɛm

працівник зоопарку

nnipa ɛhwɛ zoo so

тюлень

nsuo mu gyata

ягуар

sebɔ

поні

pɔnkɔ ba

леопард

etwie

гіпопотам

susuono

жираф

kɔntenten

орел

ɔkɔdeɛ

кабан

kɔkɔte

риба

apataa

черепаха

sudandan

морж

walrus

лисиця

sakraman

газель

ɔtwee

американський футбол
Amerikafɔɔ futbɔɔlo

їзда на велосипеді
skrɛ twiɛ

теніс
tennis

баскетбол
basketbɔɔlo

плавання
nsuom adwareɛ

бокс
akutruku

хокей
asukɔkyea so hɔki

футбол
futbɔl

бадмінтон
badmintin

легка атлетика
mirikatuo

гандбол
bɔɔlo a yɛde nsa bɔ

лижні перегони
skii

поло
polo

# дії
# nwumadie

сміятися
sere
стрибати
huri
обіймати
bam
йти
nante
співати
to dwom
мріяти
so daeɛ
молитися
bɔ mpaeɛ
цілувати
fe ano

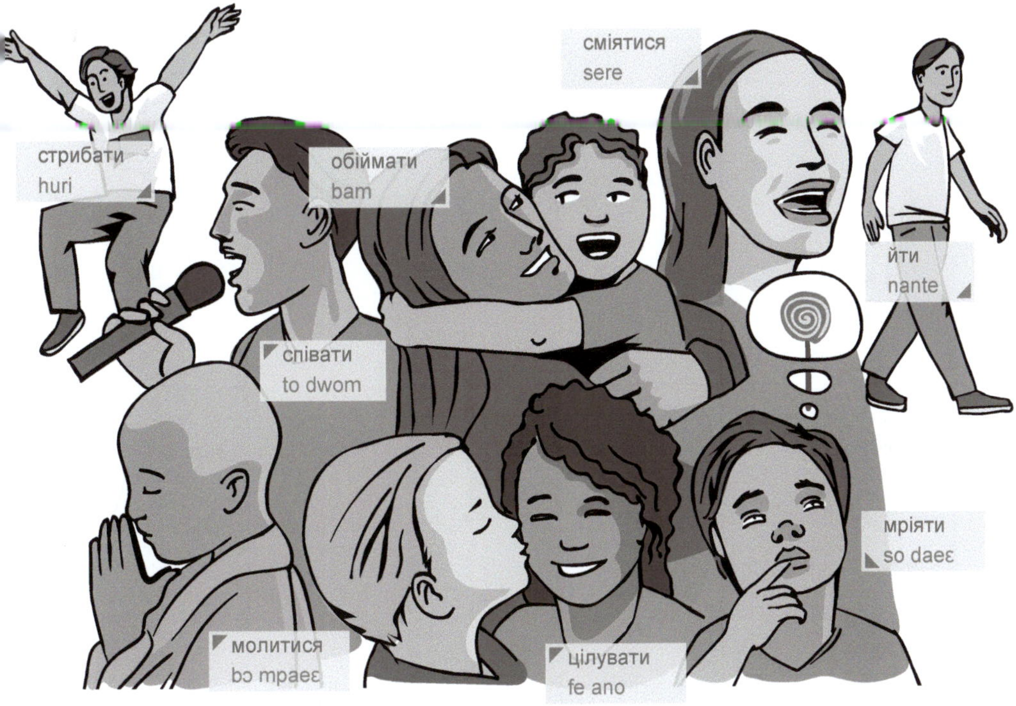

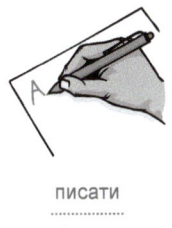

писати

twerɛ

малювати

dwi

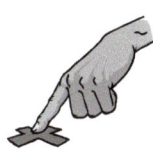

показувати

kyerɛ

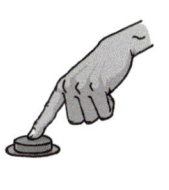

тиснути

pia

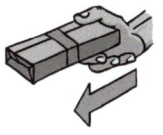

давати

ma

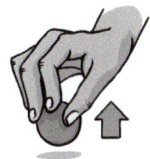

брати

fa

мати

nya

робити

yɛ

бути

yɛ

стояти

gyina

бігати

tu mirika

тягнути

twe

кидати

to

падати

tɔ fam

лежати

da hɔ

очікувати

twɛn

носити

soa

сидіти

tenase

одягати

hyɛ ataadeɛ

спати

da

просипатися

nyane

дивитися

hwɛ

плакати

su

гладити

san ho

розчісувати

nunum

розмовляти

kasa

розуміти

te aseɛ

питати

bisa

слухати

tie

пити

nom

їсти

didi

прибирати

yɛ nsiesie

любити

ɔdɔ

варити

noa

їхати

twi

літати

tu

йти під вітрилом

fa nsuo so

рахувати

sese

читати

kenkan

вчитися

sua

працювати

adwuma

одружуватися

ware

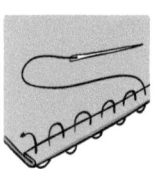

шити

pam

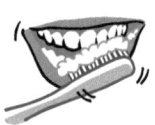

чистити зуби

twitwiri wo se

убивати

kum

курити

nom gyɔt

посилати

mane

# сім'я
# abusua

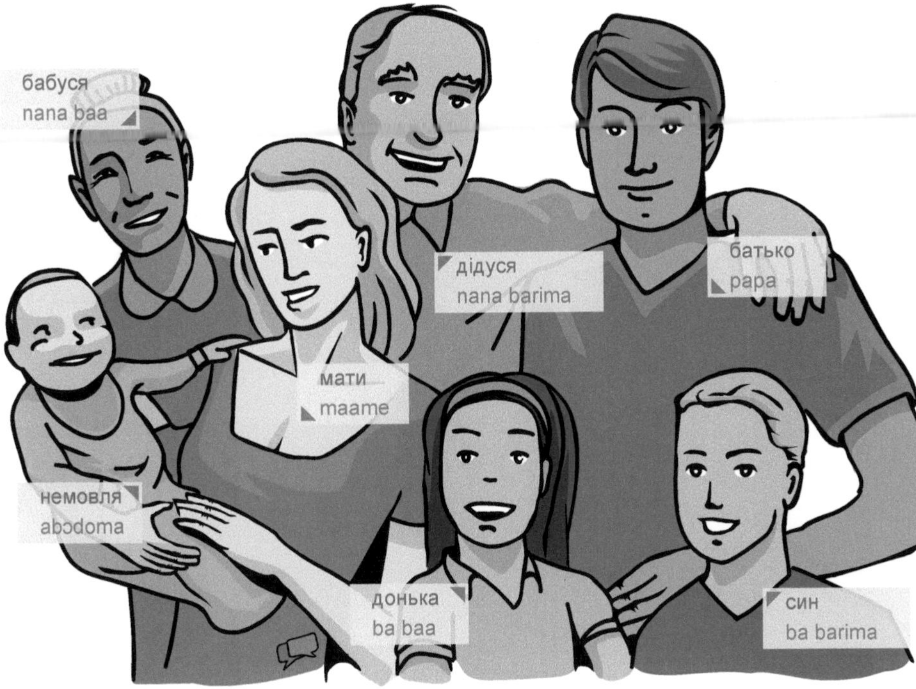
бабуся
nana baa
дідуся
nana barima
батько
papa
мати
maame
немовля
abɔdoma
донька
ba baa
син
ba barima

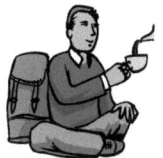

гість

ɔhɔhoɔ

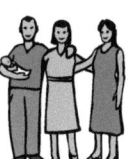

тітка

sewaa

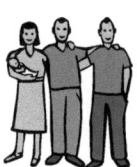

дядько

wɔfa

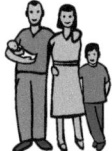

брат

nua barima

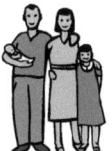

сестра

nua baa

# тіло

# nipadua

чоло
moma
око
ani
плече
abɛtire
палець
nsatea
обличчя
anim
підборіддя
apantan
кисть
nsa
груди
nufoɔ
нога
ɛnan
рука
nsa


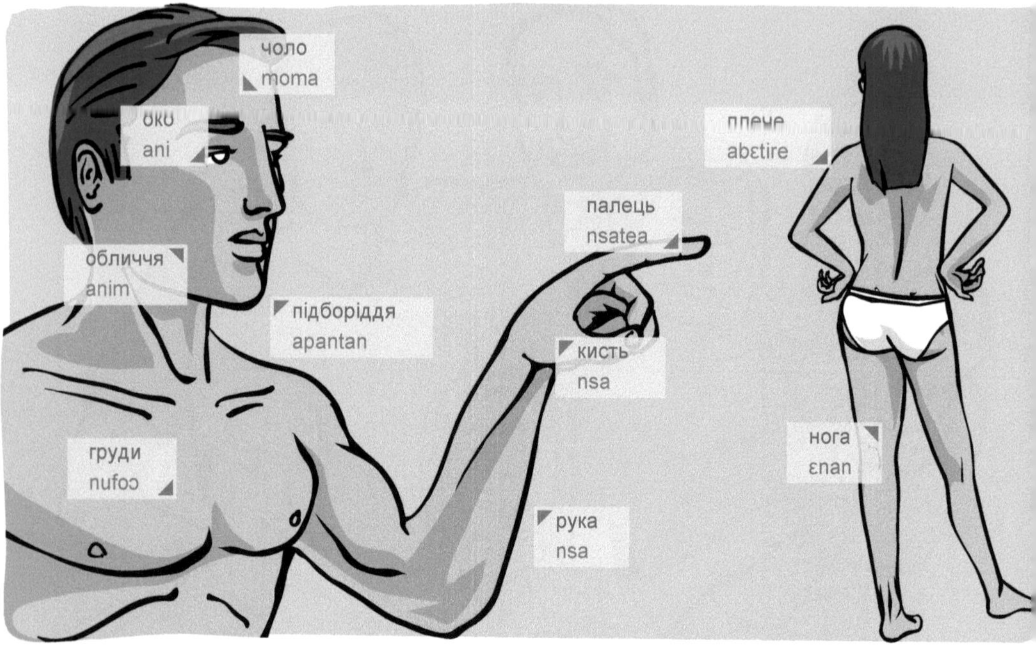

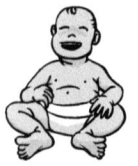

немовля

abɔdoma

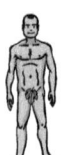

чоловік

barima

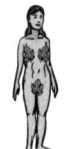

жінка

ɔbaa

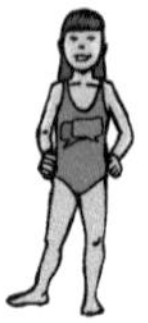

дівчина

abayewa

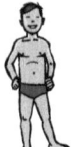

хлопчик

abarimawa

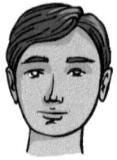

голова

etire

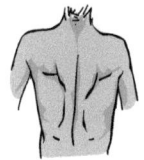

**спина**

akyi

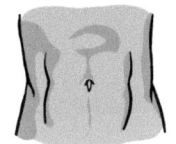

**живіт**

afro

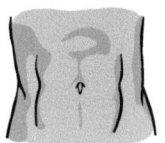

**пуп**

fruma

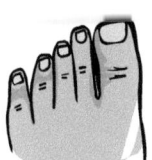

**палець ноги**

nansoa

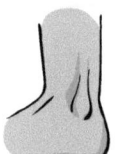

**п'ята**

nantini

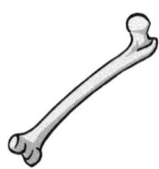

**кістка**

dompe

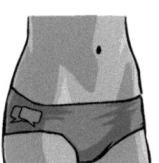

**стегно**

ataasɔ

**коліно**

kotodwe

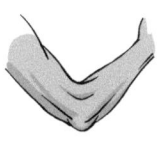

**лікоть**

abatwɛ

**ніс**

ɛhwene

**сідниці**

ɛtoɔ

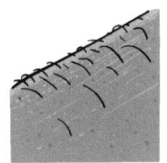

**шкіра**

wedeɛ

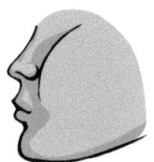

**щока**

afono

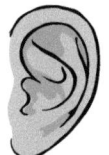

**вухо**

aso

**губа**

ano

рот

anom

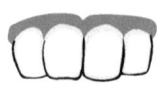

зуб

ɛsee

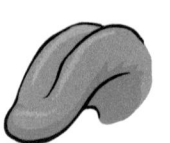

язик

tɛkyerɛma

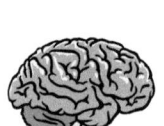

мозок

adwene

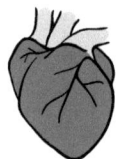

серце

akoma

м'яз

ntini

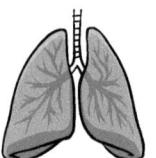

легені

aharawa

печінка

brɛboɔ

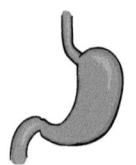

шлунок

yafunu

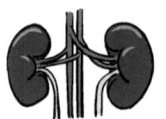

нирки

asaa

статевий акт

nna

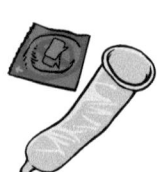

презерватив

kɔndɔm

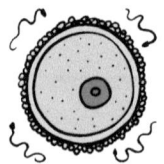

яйцеклітина

ɔbaa nkosua

сперма

barima ho nsuo

вагітність

nyinsɛn

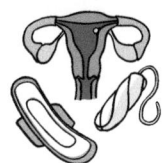

менструація

nsabuo

вагіна

ɛtwɛ

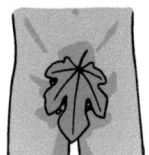

пеніс

kɔteɛ

брова

anintɔn

волосся

enwin

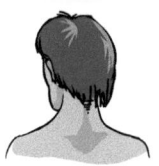

шия

ɛkɔn

# лікарня

# ayaresabea

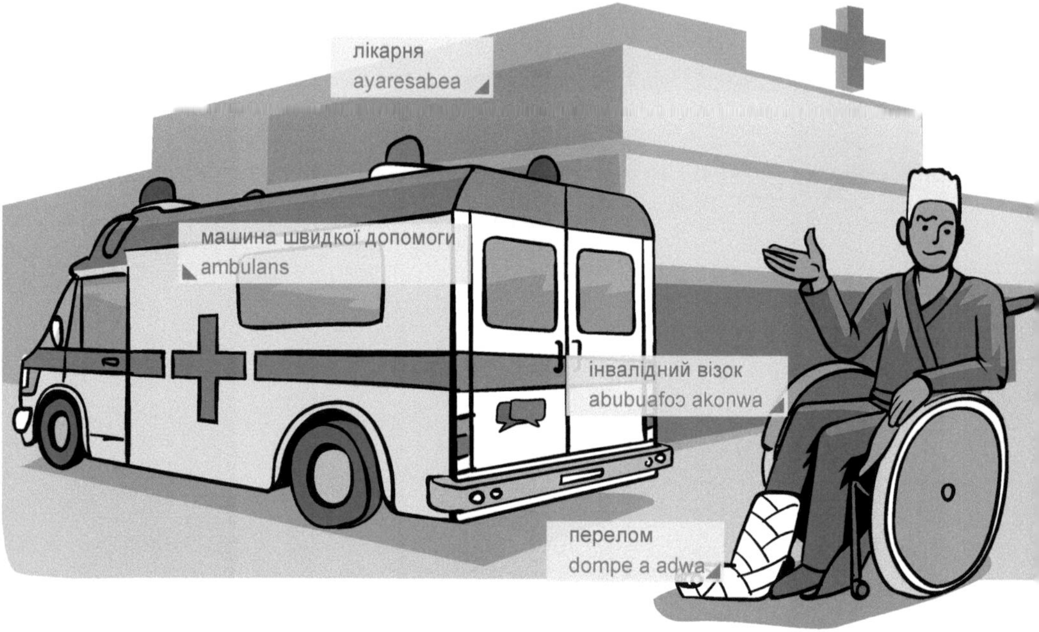

лікарня
ayaresabea
машина швидкої допомоги
ambulans
інвалідний візок
abubuafoɔ akonwa
перелом
dompe a adwa

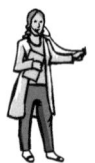

лікар

dɔkota

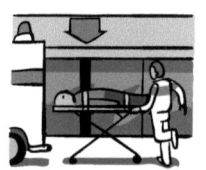

відділення швидкої медичної допомоги

ɛdan a wɔde putupru nsɛm kɔmu

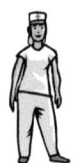

медсестра

nɛɛse

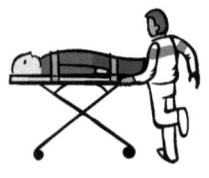

аварійний випадок

putupru

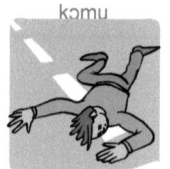

непритомний

wɔ atwa ahwe

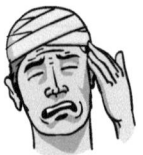

біль

yea

травма

epira

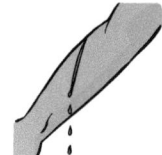

кровотеча

mogyatuo

інфаркт

akoma yarenini

інсульт

stroke yareɛ

алергія

allegyi

кашель

ɛwa

лихоманка

ahɔɔhyeɛ

грип

papu

пронос

ayamtuo

головна біль

tipaeɛ

рак

kokoram

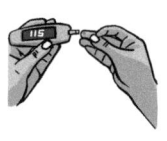

діабет

asikyire yareɛ

хірург

dɔkota a ɛyɛ oprehyɛn

скальпель

skapɛl sekan

операція

aprehyɛn

КТ
CT

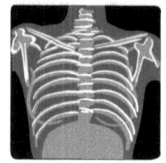

рентген
x-ray

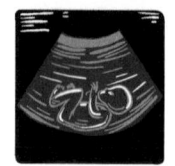

ультразвук
ultrasound

маска
nkatanim

хвороба
yareε

зал очікування
εdan a wɔ twεn mu

милиця
krɔhyes

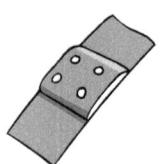

пластир
plasta

пов'язка
banege

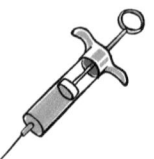

ін'єкція
paneε

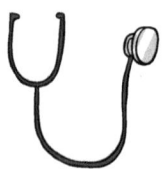

стетоскоп
Stetoskop

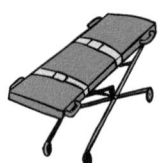

ноші
ahomankaa

термометр
afidie a esusu ahɔɔhyeε

народження
ɔwoa

надмірна вага
kεseε mmorosoɔ

слуховий апарат

afidie a ɛboa asɛmtie

дезінфікуючий засіб

aduro a ekum mmoawa

інфекція

yareɛ a mmoawa deba

вірус

vaarɔs

ВІЛ / СНІД

HIV / AIDS

медицина

aduro

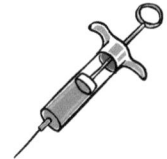

вакцинація

aduro a esi yareɛ ano

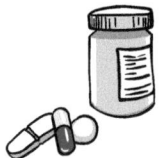

таблетки

aduro tablɛte

протизаплідна пігулка

topaeɛ

екстрений виклик

ɔfrɛ wɔ putupru so

тонометр

afidie a esusu mogya
mmrosoɔ

хворий / здоровий

yareɛ / apomuden

Допоможіть!

Boa me!

напад

ɛbɔrɔ

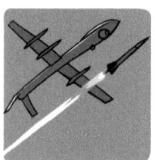

атака

ato ahyɛ obi so

небезпека

ɛyɛ hu

аварійний вихід

baabi a yɛfa de pue putupru so

Вогонь!

Ogya!

вогнегасник

afidie a yɛde dumgya

аварія

nkwanhyia

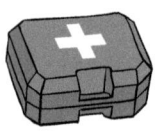

аптечка

nneɛma yɛde sɔ yareɛ ano

СОС

SOS

поліція

polisi

Європа

Yuropo

Північна Америка

Amerika atifi

Південна Америка

Amerika ananfɔɔ

Африка

Abiberm

Азія

Asia

Австралія

Australia

Атлантика

Atlantik

Тихий океан

Pasifek

Індійський океан

India po kɛseɛ

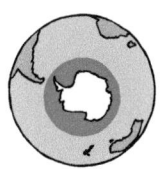

Антарктичний океан

Antaatek po keseɛ

Північний Льодовитий
океан

Aatek po kɛseɛ

Північний полюс

Ewiase atifi

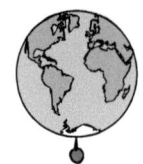

Південний полюс

Ewiase anaafoɔ

Антарктика

Antaatek

Земля

Ewiase

суша

asaase

море

ɛpo

острів

supɔ

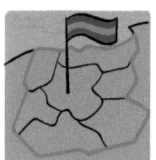

нація

ɔman

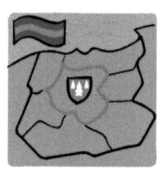

держава

ɔman

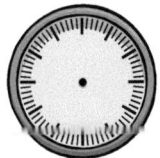

циферблат

klɔko no anim

годинникова стрілка

dɔnhwere nsa no

хвилинна стрілка

sima nsa

секундна стрілка

anitɛtɛ nsa no

Котра година?

Abɔ sɛn?

день

da

час

berɛ

зараз

seeseiara

цифровий годинник

wkye a nɔma wɔ so

хвилина

sima

година

dɔnhwere

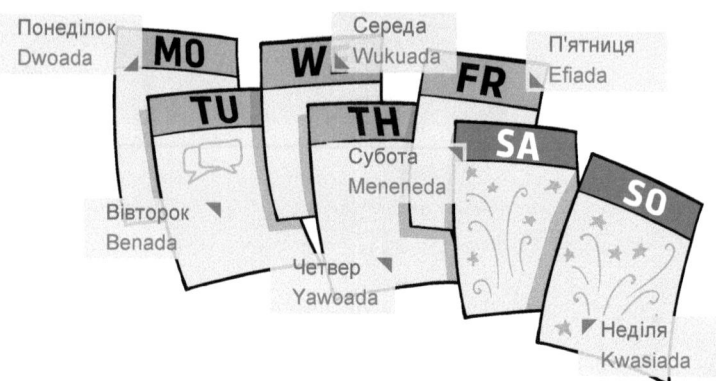

Понеділок
Dwoada

Середа
Wukuada

П'ятниця
Efiada

Субота
Meneneda

Вівторок
Benada

Четвер
Yawoada

Неділя
Kwasiada

вчора

ɛnora

сьогодні

ɛnora

завтра

ɔkyina

ранок

anɔpa

опівдні

prɛmtobrɛ

вечір

anwumerɛ

робочі дні

adwuma nna

кінець робочого тижня

nnawɔtwe awieɛ

# рік
# afe

дощ
nsutɔ
веселка
nyankontɔn
сніг
asukɔkyea
вітер
mframa
весна
nsutɔbrɛ
осінь
autumnbrɛ
літо
awiabrɛ
зима
awɔbrɛ


4.APRIL 11°
5.APRIL 4°
6.APRIL 13°
7.APRIL 8°
8.APRIL 10°


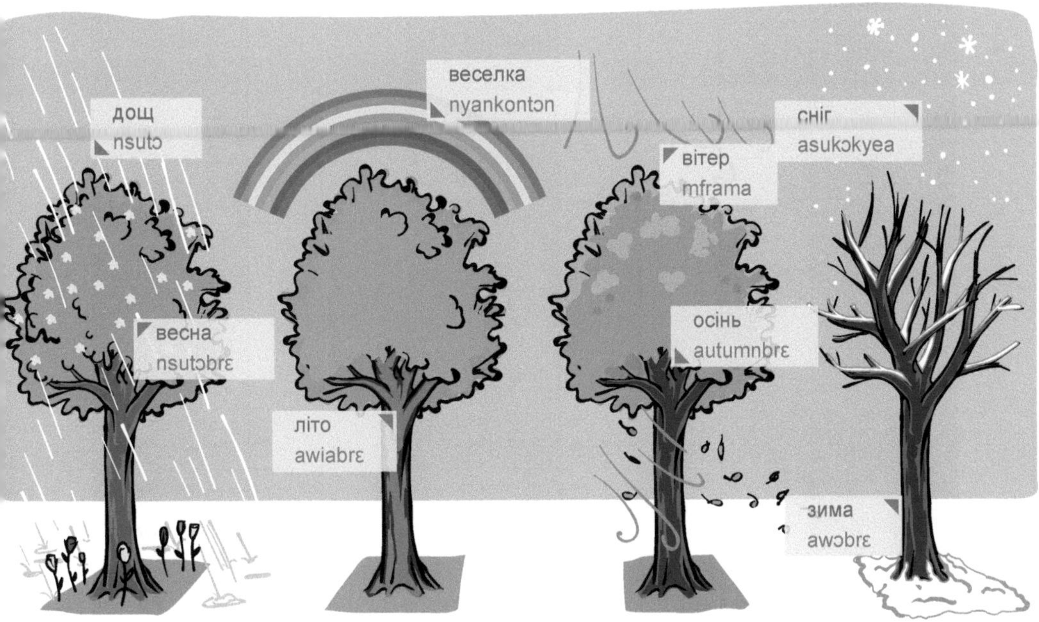

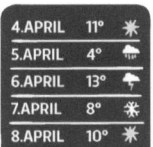

прогноз погоди

ewiem nsakrɛɛɛ

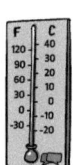

термометр

afidie a esusu ade ho hyeɛ

сонячне світло

awiabɔ

хмара

munukum

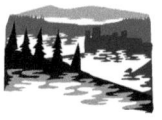

туман

ɛbɔ

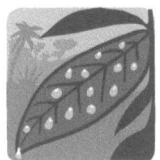

вологість повітря

ewiem nsuo

блискавка

ayerɛmo

грім

apranaa

шторм

ehum

град

asukɔkyea

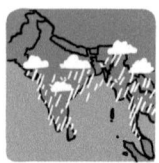

мусон

monsoonbrɛ

повінь

nsuyiri

лід

aise

Січень

ɔpɛpɔn

Лютий

ɔgyefoɔ

Березень

ɔbɛnem

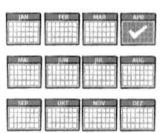

Квітень

Oforisuo

Травень

Kotonimaa

Червень

Ayɛwohomumu

Липень

Kitawonsa

Серпень

ɔsanaa

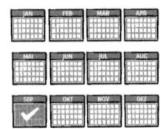

**Вересень**
..................
ɛbɔ

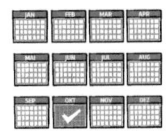

**Жовтень**
..................
Ahinime

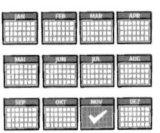

**Листопад**
..................
Obubuo

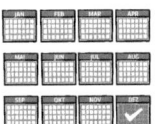

**Грудень**
..................
ɔpɛnimaa

# форми
## abosuo

**круг**
..................
kanko

**квадрат**
..................
sokwɛɛ

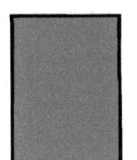

**прямокутник**
..................
rɛktangel

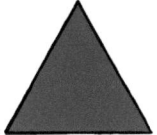

**трикутник**
..................
triangel

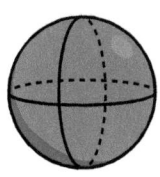

**куля**
..................
krukruwa

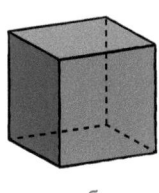

**куб**
..................
adaka

**білий**

fitaa

**жовтий**

akokɔ sradeɛ

**помаранчевий**

ankaa

**рожевий**

pink

**червоний**

kɔkɔɔ

**фіолетовий**

pɛpol

**синій**

bruu

**зелений**

ahaban mono

**коричневий**

braun

**сірий**

nson

**чорний**

tuntum

багато / мало

pii / ketewa

лютий / мирний

wo boafu / wɔ adwo

гарний / бридкий

ɛyɛ fɛ / ɛyɛ tan

початок / кінець

ahyɛseɛ / awieɛ

великий / малий

kɛseɛ / esua

світлий / темний

ɛha / esum

брат / сестра

nuabarima / nuabaa

чистий / брудний

ɛho te / ayɛ fin

завершений / незавершений

awie / enwieɛ

день / ніч

awia / anadwo

мертвий / живий

awu / ɛte ase

широкий / вузький

emubae / ɛyɛ tea

їстівний / неїстівний

yɛde /yɛnni

злий / дружній

bɔne / tema

збуджений / нудьгуючий

wɔ aniagye / wɔ ani nka

товстий / тонкий

ɔsɔ / teatea

спочатку / востаннє

edikan / etwatɔɔ

друг / ворог

adamfoɔ / atamfo

повний / порожній

ayɛ mma / hwee nim

жорсткий / м'який

ɛdenden / mmerɛ mmerɛ

важкий / легкий

ɛyɛ duru / ɛyɛ ha

голод / спрага

ɛkɔm / nsukɔm

хворий / здоровий

yareɛ / apomuden

незаконний / законний

etia mmara / ɛwɔ mmara mu

розумний / дурний

nyansa / gyimi

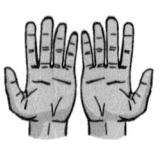

вліво / вправо

benkum / nifa

поруч / далеко

ɛbɛn / akyire

новий / використаний

foforo / dada

нічого / щось

hwee / biribi

старий / молодий

wɔ anyini/ ɔsua

вкл / викл

sɔ /dum

відкрито / закрито

bue / tom

тихо / гучно

dinn / dede

багатий / бідний

ɔdefoɔ / ohia

правильно / неправильно

nifa / benkum

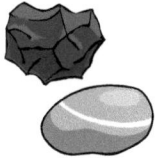

шорсткий / гладкий

werewerɛwerewerɛ /
trontron

сумний / щасливий

awerɛhoɔ / anigyeɛ

короткий / довгий

tietia / tenten

повільно / швидко

nyaa / ntɛm

вологий / сухий

cwa / cfa

гарячий / холодний

dedɛɛdeɛɛ / adwo

війна / мир

akoo / asomdweɛ

протилежності - abirabɔ

**0**

нуль

hwee

**1**

один

baako

**2**

два

mienu

**3**

три

meɛnsa

**4**

чотири

ɛnan

**5**

п'ять

enum

**6**

шість

nsia

**7**

сім

nson

**8**

вісім

nwɔtwe

**9**

дев'ять

nkron

**10**

десять

edu

**11**

одинадцять

du-baako

## 12
дванадцять
du-mienu

## 13
тринадцять
du-meɛnsa

## 14
чотирнадцять
du-nan

## 15
п'ятнадцять
du-num

## 16
шістнадцять
du-nsia

## 17
сімнадцять
de-nson

## 18
вісімнадцять
du-nwɔtwe

## 19
дев'ятнадцять
du-nkron

## 20
двадцять
aduonu

## 100
сто
ɔha

## 1.000
тисяча
apem

## 1.000.000
мільйон
ɔpepem

**англійська**

Brɔfo

**американська англійська**

Amerikafoɔ Brɔfo

**китайська високочиновницька**

Chainfoɔ Mandarin

**хінді**

Hindi

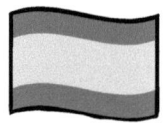

**іспанська**

Spainfoɔ kasa

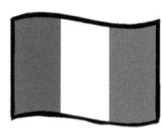

**французька**

French kasa

**арабська**

Arabia kasa

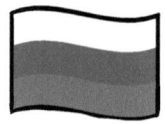

**російська**

Russianfoɔ kasa

**португальська**

Portugalfoɔ kasa

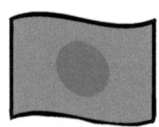

**бенгальська**

Bengali

**німецька**

Germanfoɔ kasa

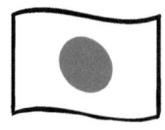

**японська**

Japanfoɔ kasa

я
.............
Me

ти
.............
wo

він / вона / воно
.............
ono

ми
.............
yεn

ви
.............
wo

вони
.............
ɔmmo

хто?
.............
hwan?

що?
.............
deε bεn?

як?
.............
εyε deεn?

де?
.............
ehen?

коли?
.............
dabεn?

ім'я
.............
edin

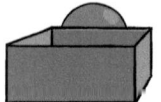

ззаду

akyire

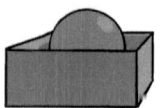

в

emu

перед

anim

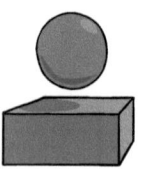

над

ɛsoro

на

ɛso

під

asɛɛ

біля

nkyɛn

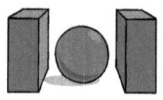

між

ntɛm

місце

bɛaɛ